Made in the USA
Coppell, TX
30 November 2020

42544535R00069